全国高校出版社主题出版

湖北省公益学术著作出版专项资金

Hubei Special Funds for Academic and Public-interest Publications

中国制造的道路

——图说中国船舶制造业的发展——

桂志仁 编绘

武汉理工大学出版社

图书在版编目（CIP）数据

中国制造的道路.图说中国船舶制造业的发展/桂志仁编绘.—武汉：武汉理工大学出版社，2021.9
ISBN 978-7-5629-6481-0

Ⅰ.①中…　Ⅱ.①桂…　Ⅲ.①造船工业—工业史—中国—图集　Ⅳ.①F426-64

中国版本图书馆 CIP 数据核字(2021)第 183489 号

项目负责人：陈军东　　　　　　　责任编辑：陈军东
责 任 校 对：陈　硕　　　　　　　版面设计：博壹臻远
出 版 发 行：武汉理工大学出版社
网　　　　址：http://www.wutp.com.cn
地　　　　址：武汉市洪山区珞狮路 122 号
邮　　　　编：430070
印　刷　者：武汉市金港彩印有限公司
发　行　者：各地新华书店
开　　　　本：889mm×1194mm　1/12
印　　　　张：13
字　　　　数：343 千字
版　　　　次：2021 年 9 月第 1 版
印　　　　次：2021 年 9 月第 1 次印刷
定　　　　价：128.00 元

目 录 CONTENTS

序 曲

"黄鹄号"蒸汽轮船 / 003

"操江号"木壳兵轮 / 004

"民俗号"川江客轮 / 005

平远舰 / 006

"联鲸号"炮舰 / 007

筚路蓝缕

"民众号"长江客轮 / 011

"民主十号"沿海客货轮船 / 012

"江峡号"客轮 / 013

"金星号"海洋调查船 / 014

"和平廿八号"海轮 / 015

"和平廿五号"沿海货船 / 016

"和平四十九号"沿海货船 / 017

"和平五十九号"货轮 / 018

"东风号"货轮 / 019

"民主十八号"客货轮 / 020

"昆仑号"客轮 / 021

"妇女号"拖轮 / 022

"舟渔 207"渔船 / 023

"和平号"货轮 / 024

"元龙号"捕鲸船 / 025

"闽海 167 号"货轮 / 026

"东方红号"实习船 / 027

"实践号"科考船 / 028

"长征号"客货轮 / 029

"风雷号"货轮 / 030

"东方红 19 号"客轮 / 031

"安源号"散货船 / 032

"长江 82001"顶推船 / 033

"勘探 1 号"海上双体石油钻井船 / 034

"长风号"货轮 / 035

"邮电 1 号"布缆船 / 036

"绍兴号"远洋货船 / 037

"滨海 102 号"浮吊船 / 038

"黄山号"浮船坞 / 039

"辽阳号"万吨级远洋货轮 / 040

"天山号"客轮 / 041

"大庆 42 号"油船 / 042

"西湖号"油船 / 043

"昌新号"客货轮 / 044

"向阳红 09 号"海洋调查船 / 045

改革

"大江"级 J121 远洋打捞救生船 / 048

"向阳红 10 号"海洋科学考察船 / 049

"鲁班号" / 050

"东星号"　/ 051

万吨水压机　/ 052

"C723"　/ 053

"瑞昌号"双体客轮　/ 054

"百灵号"客轮　/ 055

"沃尔夫斯堡号"滚装船　/ 056

"中国欢乐号"　/ 057

"北京号"火车渡轮　/ 058

"鲲鹏号"全液压式液化气运输船　/ 059

"MAX.PLANCK"半冷半压式液化气船　/ 060

"世沪号"　/ 061

"勘探三号"　/ 062

"渤海友谊号"　/ 063

"柏林快航号"　/ 065

人民的需要

"南星号"水翼船　/ 068

"东方皇帝号"长江豪华游船　/ 069

"康平号"双体气垫船　/ 070

"CLIPPER CONFIOENCE"　/ 071

"李四光号"　/ 072

"CSL SPIRIT"　/ 073

"NORASIA.SULTAN"高速集装箱船　/ 074

"粤海铁路 1 号"　/ 075

"波尔多城号"　/ 076

"中华和平号"散货轮　/ 077

"中铁渤海 1 号"　/ 079

科学发展

"新海虎号"自航耙吸式挖泥船　/ 083

"游艇特快号"　/ 084

"钱三强号"　/ 085

"蓝鲸号"　/ 086

"大鹏号"　/ 087

"育鲲号"　/ 088

"雪龙号"　/ 089

"实验 1 号"小水线面综合科学考察船　/ 090

"蛟龙"号载人深潜器　/ 091

"金广岭"号运木船　/ 092

"凯珍号"　/ 093

"海洋石油 117"　/ 094

"珍珠湾号"　/ 095

"中国渔政 310"　/ 096

"海洋石油 981"　/ 097

"南沙号"　/ 098

"NORGAS UNKUM"　/ 099

"探险号"　/ 100

"BOURBON FRONT"　/ 101

"长江 2 号"　　/ 102

"徐霞客号"　　/ 103

"深潜号"　　/ 105

大国制造

"渤海翠珠号"　　/ 109

"中远腾飞号"　　/ 110

"中国海巡 01 号"综合执法船　　/ 111

"VALE.CAOFEIDIAN 号"38 万吨矿砂船　　/ 112

"盖洛威快航号"牲畜特种船　　/ 113

"中国考古 01 号"　　/ 114

"面包山号"渡船　　/ 115

"远望 22 号"　　/ 116

"东海岛号"　　/ 117

"中国海警 3901"　　/ 118

"华船 1 号"　　/ 119

"NAYIGATOR NOYA"　　/ 120

"GAS ARIES"　　/ 121

"新光华号"　　/ 122

"淞航号"　　/ 123

"EPHESUS SEAWAYS"　　/ 124

"天佑号"　　/ 125

"东方红 3 号"科考船　　/ 126

"雪龙 2 号"　　/ 127

"至宪之星号"　　/ 128

"COSCO SHIPPING STARS"　　/ 129

"蓝海 101 号"　　/ 130

"中华复兴号"　　/ 131

"VISTA"级 13.5 万吨超级邮轮　　/ 132

55 甲型高速炮艇　　/ 133

"6603"型潜艇　　/ 134

"济南号"051 型导弹驱逐舰　　/ 135

"潍坊号"054 型导弹护卫舰　　/ 136

"聊城号"056 型轻型导弹护卫舰　　/ 137

"玉义"级气垫登陆艇　　/ 138

"远望 1 号"　　/ 139

"998 沂蒙山号"071 型登陆舰　　/ 140

"破浪号"风帆训练舰　　/ 141

093 型攻击型核潜艇　　/ 142

战略核潜艇　　/ 143

"呼伦湖号"901 型综合补给舰　　/ 144

"075"型两栖攻击舰　　/ 145

"南昌号"　　/ 146

"山东号"航空母舰　　/ 147

1 | 序 曲

　　清朝末年，洋务派开展洋务运动，以期通过学习西方的技术造枪造炮和发展工业来挽救清政府，创办了福州船政局和江南制造总局，开始了火轮船的试制和建造。

　　到了清末民初，中国已经在沿海和沿江建立了数个造船厂，拥有厂房和船坞及简单的设备，能够建造吨位较小的沿海货船和江轮以及兵船。但此时中国的造船业不论是造船厂的规模和所建造船舶的技术及吨位都无法和西方相比，二十世纪二十年代初上海江南造船厂为美国建造的"官府号"万吨级货轮应该说是旧中国的造船工业顶峰，后来由于连年战乱，到1949年解放前夕中国的造船工业已经衰败，再也无力建造像样的船舶了。新中国成立前夕，党领导工人阶级开展各种各样的护厂运动，保住了厂房机器，保住了船坞，为各地的造船厂在解放后迅速恢复生产创造了有利条件。

蹉跎岁月

"黄鹄号"蒸汽轮船

安庆内军械所　1865 年

　　"黄鹄号"蒸汽机小火轮船是中国自行设计建造的第一艘蒸汽机明轮船，1865 年(清同治四年)在南京的安庆内军械所由徐寿和华蘅芳设计建造成功。

　　徐寿和华蘅芳均是江苏人，通过自学掌握了当时西方先进的数学、物理、化学和机械等多门学科的基础知识，1864 年他们在南京的安庆内军械所开始研制中国近代史上第一艘采用明轮推进的蒸汽机小火轮船并于 1865 年获得成功，这艘火轮船除了主轴、锅炉及汽缸配件之铁购自外洋，其余一切材料均由他们亲自监制而成。

　　"黄鹄号"火轮船船长 17 米，航速 6 节，自重 25 吨，采用单缸往复式蒸汽机，明轮推进，试航是在长江上进行的。曾国藩对火轮船的试航结果非常满意，亲自把该船命名为"黄鹄号"。

"操江号"木壳兵轮

上海江南机器制造总局　1869 年

　　上海江南造船厂即创建于 1865 年（清同治四年）的江南机器制造总局。"操江号"炮舰是江南机器制造总局建造的第二号舰，1869 年完工，属于炮舰兼备运输舰使用，该舰是中国第一艘自制的"暗轮"。

　　该舰当时是仿造美国的双桅帆船，所有船壳和机器都是自制，在中国造船史上属于一个里程碑。

　　该舰舰长 54.86 米，型宽 8.47 米，吃水 2.74 米，排水量 640 吨，载 8 门火炮，425 马力，乘员 91人。

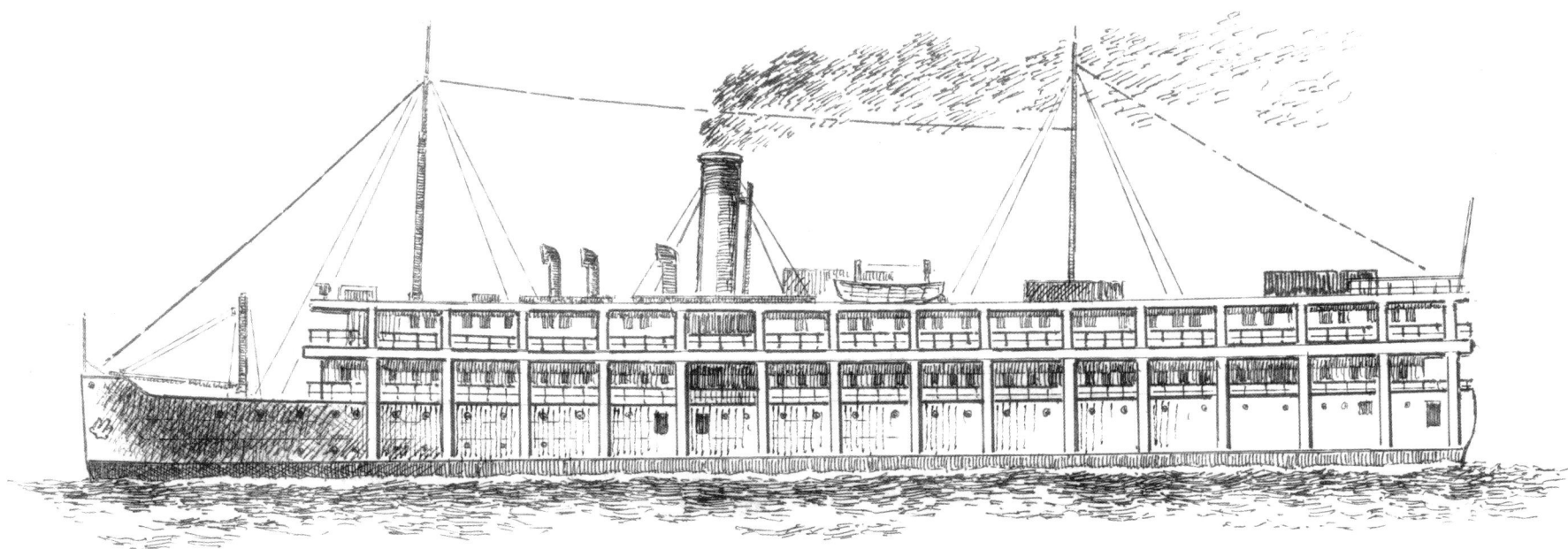

"民俗号"川江客轮

上海大中华造船厂　1948 年

　　上海大中华造船机器厂（即现在的上海中华造船厂的前身）创建于 1926 年，中国造船实业家杨俊生向浙江实业银行贷款 5000 元创办而成，"民俗号"川江客轮是大中华造船厂于 1948 年建造的 2000 吨级客船，在当时引起社会的广泛关注。

平远舰

福州船政局　1888 年

福州船政局设计建造的中国第一艘全钢甲军舰。

∧ **"联鲸号"炮舰**

上海江南造船厂　1911 年

　　江南造船厂于 1910 年建造"联鲸号",1911 年完工。该船排水量 500 吨,全部采用钢材建造,配有快炮、重机关枪等新式武器,采用往复式蒸汽机,800 马力。船上还配备有探照灯、电灯、电风扇、暖气等设备。

　　该船造型美观,工程质量甚佳,建造时被指定为海军大臣座舰,辛亥革命成功后成为孙中山先生的座舰。

　　该船造价是当时的国币 35 万元。

2 | 筚路蓝缕

　　1949 年新中国成立，中国要在一穷二白的基础上开创一个社会主义新局面 。在党中央的领导下，全国人民自力更生艰苦奋斗，努力恢复生产建设新中国。中国的造船工业也是如此，在很短的时间里完全依靠自己的力量和技术建造成功"民主十八号"等沿海客货轮。这在当时是了不起的成就，全国人民闻讯无不感到欢欣鼓舞，极大地焕发了人民群众大干社会主义建设的信心和干劲。

我为祖国添光彩

"民众号"长江客轮

江南造船厂 1954 年

　　"民众号"客轮是 1954 年上海江南造船厂建造的,船长 84.5 米,载客量 936 名,载货 580 吨,是当时船型最大和设备最完善的国产川江客轮。

　　"民众号"客轮装有我国自行设计和制造的第一部电动液压舵机,船上主要设备全部是我国自制产品。

　　1954 年 9 月 6 日"民众号"客轮开始首航。

"民主十号"沿海客货轮船

江南造船厂 1955 年

　　新中国第一艘自行设计建造的乙型沿海客货轮船，1955 年 11 月 27 日在上海江南造船厂自行设计建造完成，同时命名为"民主十号"，投入运营，首航为上海至大连航线，后投入渤海湾航线，主要担负天津至大连的载客运输。亥船长 80 米，型宽 14 米，型深 6.1 米，吃水 4.27 米，桅高 29.5 米，排水量 2600 吨，满载排水量 2680 吨，载客 500 人，载货 700 吨。船体采用钢制全焊接结构，辅机和甲板机械采用电动式，并配齐救生设备。主机为（四缸三胀式）往复式蒸汽机 功率 1500 马力，航速 10.5 节。"民主十号"的建成投入运营，在国内引起极大的轰动，标志着中国造船工业进入了自行设计建造的新的发展时期。1967 年中华人民共和国粮食部军用价购粮票（500 斤）的图案即为"民主十号"沿海客货轮船。1983 年 5 月"民主十号"沿海客货轮船退役。

"江峡号"客轮

江南造船厂　二十世纪五十年代初

　　1954 年国家决定在长江建造一艘供领导视察长江和接待外宾的专用客轮，命名为"江峡号"轮，1966 年改名为"东方红号"，该船由上海江南造船厂建造，船长 60.1 米、吃水 2.2 米，两台柴油机动力，单机功率 900 马力。船上共有 406 个中级客位，另有高等级客舱。1955 年 10 月 17 日该轮从上海首航重庆获得成功。1958 年 2 月 26 日周恩来总理从武汉乘船西上，视察了三峡。同年 3 月 29 日毛泽东主席从重庆乘船顺流东下，视察了长江。

"金星号"海洋调查船

中华造船厂　1957 年

　　"金星号"海洋调查船是 1957 年根据当时的国民经济发展规划第一个五年计划要求,为发展解放初期沿海的海洋经济,采用一艘旧的远洋救助拖船改造建成的。"金星号"总吨位 930 吨,满载排水量 1700 吨,船上载有多学科的海洋调查和实验仪器设备,1957 年 6 月 28 日"金星号"海洋调查船离开青岛港驶向渤海,开始了中国有史以来第一次综合性海洋调查。

　　"金星号"海洋调查船总共使用了 20 多年,航迹遍布渤海、黄河、东海,测取了大量的各学科资料,为我国的海洋开发和建设做出了贡献。

"和平廿八号"海轮

江南造船厂　1958 年

　　"和平廿八号"是中国建造的第一艘较大型以蒸汽机为动力的沿海货船。1958 年上海海运管理局委托江南造船厂建造该轮，用于在国内沿海各大港口及近海航线航行。该船长 115.5 米，型宽 16 米，型深 9.5 米。排水量 8730 吨，载重量 5270 吨，主机为单流蒸汽机，功率 2400 马力，航速 12.5 节。该船以运输袋装粮食及包装杂货为主，全部设备均为国内制造，展示了中国造船工业在独立自主、自力更生的道路上取得的丰硕成果。

"和平廿五号"沿海货船
大连造船厂　1958 年

　　新中国自行设计建造的第一艘中型沿海货船。该船由船舶工业管理局第二产品设计室自行设计，1957 年 11 月 24 日在大连造船厂开工，1958 年 8 月 31 日建造完成，命名为"和平廿五号"。该船总长 115.5 米，型宽 16 米，型深 9.5 米，满载排水量 8730 吨，航速 13 节，续航力 2400 海里，自持力 12 昼夜。由于生产条件所限，一直是在边供应边施工边修改的情况下进行建造的。最终，设计和制造人员克服重重困难圆满完成了建造任务，表现了中国造船工人为社会主义建设努力奋发的精神面貌。

"和平四十九号"沿海货船
上海船舶修造厂　1958 年
　　上海船舶修造厂建造的沿海货船。

"和平五十九号"货轮
沪东造船厂　1959 年
　　"和平五十九号"货轮是沪东造船厂在 1959 年建造的,是当时国内最先进的货轮。

"东风号"货轮

江南造船厂　1960 年

　　"东风号"货轮是由 708 研究所设计、江南造船厂建造的新中国第一艘自行设计、建造的万吨级远洋货轮。

　　船长 161.4 米，宽 20.2 米，型深 12.4 米，载重量 13400 吨，排水量 17100 吨，航速 17.3 海里/小时，主机是上海沪东造船厂生产的我国第一台 8800 马力船用低速柴油机。

　　"东风号"货轮反映和代表了当时中国的造船能力和建造水平，为中国大规模建造万吨级货轮积累了丰富的经验。

　　1966 年 5 月 6 日，周恩来总理陪同外宾登船参观。

"民主十八号"客货轮
沪东造船厂　1960 年

　　3000 吨级客货轮。

∧ **"昆仑号"客轮**

沪东造船厂　1960 年

　　"昆仑号"是 1960 年设计并在上海沪东造船厂开工建造，1961 年开始首航的第一艘长江大型豪华客轮，船长 84 米，宽 13.4 米，型深 5.8 米，满载排水量 1640 吨，载客 95 人。

　　1978 年为了发展旅游业该客轮被改为外宾专用客船。

"妇女号"拖轮

东海船厂　1960 年

　　该船由女技术员设计,东海船厂女工建造,体现了妇女职工的智慧和创造力。

"舟渔 207"渔船

二十世纪六十年代的国产 250 马力渔船，用于近海和远洋渔业捕捞。

△ "和平号"货轮

江南造船厂 1961 年

"和平号"货轮是江南造船厂在 1961 年建造的,载重量 6100 吨,1961 年 6 月 16 日首航到达缅甸仰光,1962 年 11 月 17 日该船又沿着明代郑和船队的航海路线,踏上了西非之旅,它一路上经过重重磨难胜利到达了几内亚的科纳克里港,这是悬挂五星红旗的货船首次出现在西非港口。

"元龙号"捕鲸船

上海求新造船厂　1963 年

"元龙号"总长 45.74 米, 型宽 7.20 米, 型深 3.90 米, 航速 13 节。

"闽海 167 号"货轮

1965 年

　　"闽海 167 号"是我国第一艘沿海钢丝网水泥轻型水泥货船,载重量 300 吨,船长 38.85 米,航速 10 节,1965 年投入福州至上海、厦门至广州航线,安全航行 17 年。

"东方红号"实习船

沪东造船厂 1965 年

　　"东方红号"海洋调查实习船由沪东造船厂建造，它设有航海、高空、水文、物理、地质、地貌、生物、化学等实验室和大教室。

∧ "实践号"科考船

沪东造船厂 1968 年

"实践号"海洋科学考察船是我国自行设计建造的。1961 年由 708 所开始设计，1965 年由上海沪东造船厂开工建造，1968 年 10 月交付使用。

船长 94.72 米，宽 14 米，型深 7.8 米，排水量 3165 吨，最大航速 16.23 节，续航 7500 海里。"实践号"自投入使用以来，执行和参加过一系列多学科的国际合作海洋调查和科考任务，曾连续 7 年参加中日黑潮联合调查。

“长征号”客货轮

沪东造船厂　970 年

　　“长征号”客货轮是二十世纪七十年代初为解决我国沿海客运船舶严重不足而设计建造的。当时交通部提出“多载客，立足国内，简化船型，成批生产”的原则，1969 年 708 所开始设计，1970 年上海沪东造船厂开始建造，1971 年投入使用。

　　船长 138 米，宽 17.6 米，型深 8.4 米，吃水 6 米，载客量 856 人，载重量 2000 吨，航速 17 节，2 台柴油机，单台功率 3310 千瓦，是 7500 吨级别的沿海客货轮。

　　此型船共建造 14 艘，分别命名为长征、长山、长河、长锦、长绣、长自、长力、长更、长生、长柏、长松、万年红、珍珠海。

∧ **"风雷号"货轮**

上海船厂　1970 年

　　"风雷号"万吨级远洋货轮于 1970 年 4 月 30 日建成下水,载重量 13000 吨,是上海船厂建造的第一艘万吨级远洋货轮,同级别的货轮一共建造了 6 艘。

"东方红 19 号"客轮

上海船厂　1970 年

　　"东方红 19 号"客轮是上海船厂建造的"江汉"型大型长江客货船，它载客量大
（1180 ~ 1252 人），航速快，是当时长江中下游客运的主力船型。

　　首航是 1975 年，船长 113 米，宽 19.6 米，载货 400 ~ 450 吨，船上动力是两台柴油机，单
台功率 1655 千瓦，航速 16.4 节。

"安源号"散货船

中华造船厂 1970 年

"安源号"远洋散货船是中华造船厂建造的第一艘万吨级的远洋货船,1969 年 9 月开工建造,1970 年 3 月 15 日顺利下水。

该船长 164.39 米,型宽 20.60 米,型深 12.50 米,吃水 8.82 米,载重量 15153 吨。

"安源号"在北煤南运和上海的经济建设方面做出了很大的贡献。

"长江 82001"顶推船
1970 年

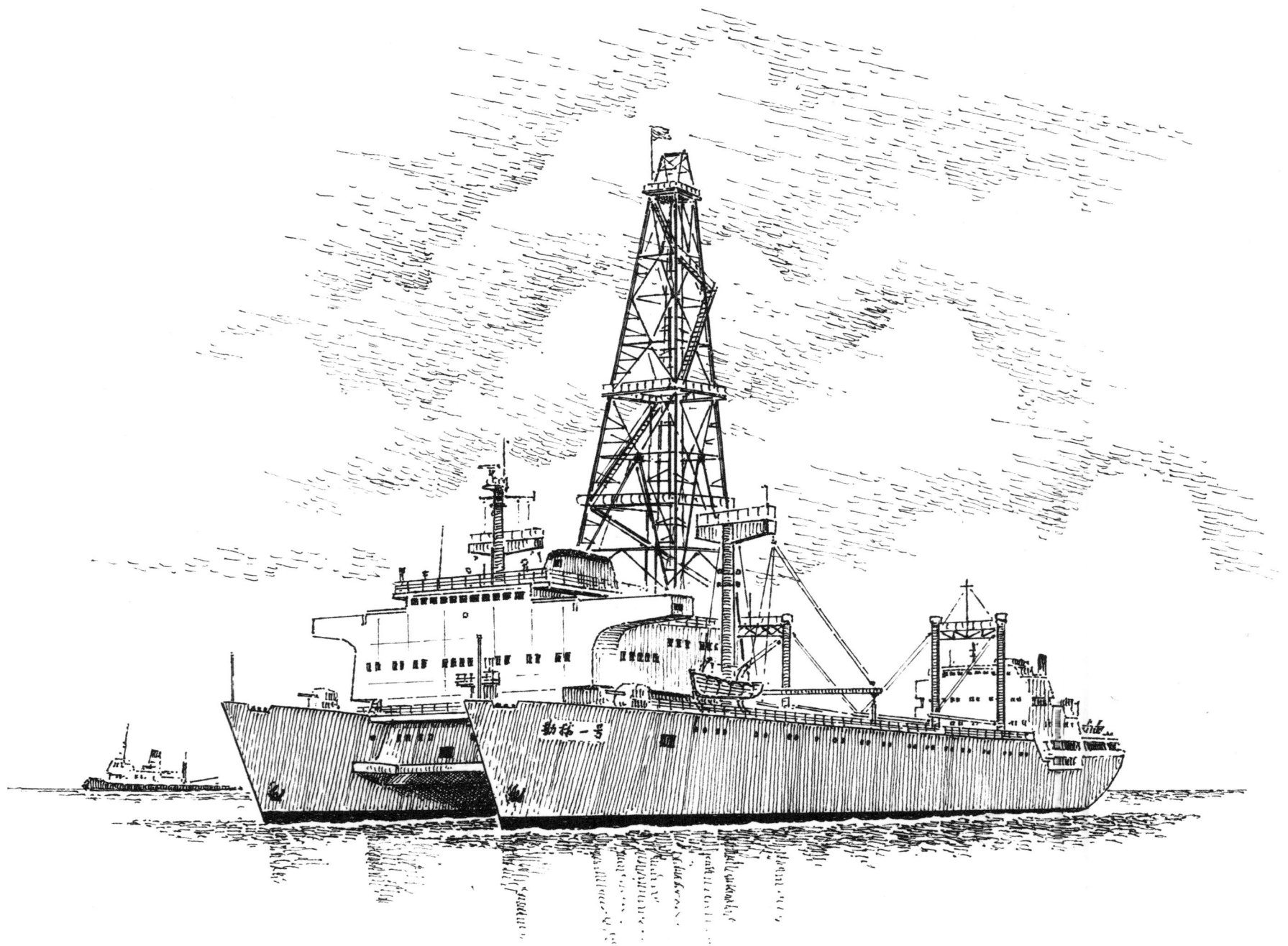

"勘探 1 号"海上双体石油钻井船

沪东造船厂　1972 年

　　"勘探 1 号"海上双体石油钻井船是沪东造船厂在是二十世纪七十年代初利用两艘尾机型 3000 吨的旧货船"战斗 62 号"和"战斗 63 号"进行改装而来的，1972 年 12 月试航，1974 年正式出海试钻。

　　"勘探 1 号"6 年间在南黄海钻了 7 口石油井，总进尺 1500 米，最大进深 2413 米。

　　"勘探 1 号"是我国自行设计建造的第一艘双体海上石油钻井船，在中国的浮式钻井平台和海洋石油钻井方面积累了丰富的经验，为中国的海洋石油开采做出了贡献。

"长风号"货轮

江南造船厂　1971 年

"长风号"货轮是上海江南造船厂建造的中国第一艘 20000 吨远洋散装货轮。"长风号"，1971 年 6 月 27 日顺利下水。

"长风号"自行设计球鼻船首，使船速得到显著提升。船长 175 米，宽 22.3 米，型深 13.2 米，设计吃水 9.5 米，设计排水量 21890.1 吨，航速 16 节，续航力 1.3 万海里。

"长风号"货轮是当时中国国产远洋船舶的主要船型之一。

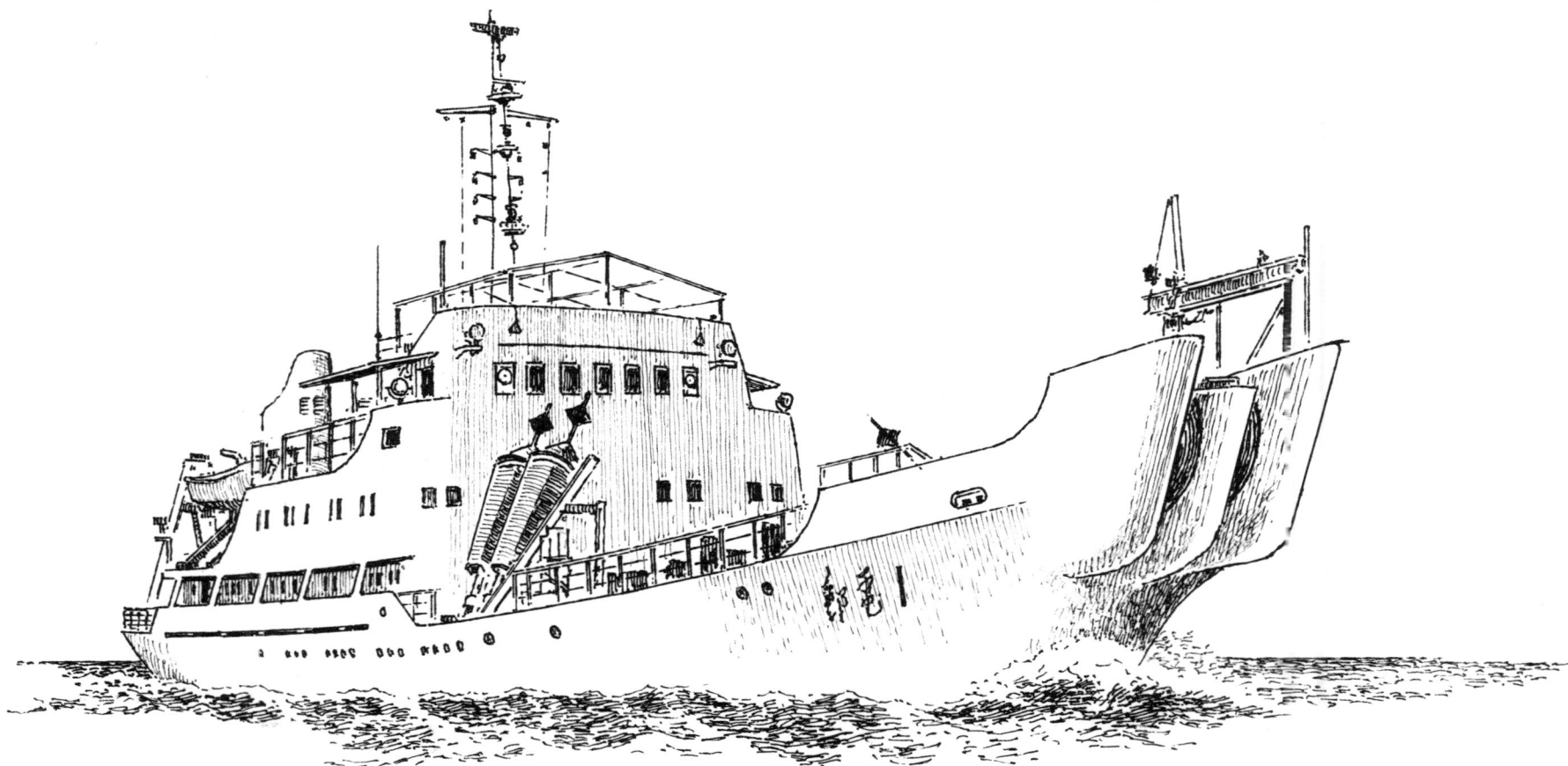

∧ "邮电1号"布缆船

中华造船厂　1975年

　　1972年中日实现邦交正常化以后,为了加强中日之间的交流联系,中日两国政府就商定在中国和日本之间的海域敷设海底电缆,为此708所将已经设计的1300吨级布缆船图纸资料移转邮电部,经过改进后,该船1975年在上海中华造船厂开工建造。11月6日"邮电1号"下水,1975年12月28日进行首航获得成功,1976年3月交付使用。

　　"邮电1号"的邮电两个字取自毛泽东主席题写"人民邮电"里的邮电两个字。

　　船长71.4米,宽10.5米,型深5.2米,吃水3.6米,排水量1327吨,航速14节,总功率2200马力。

　　"邮电1号"船上载有大量的敷设海底电缆专用设备,自投入使用后,完成了一系列的国内外海底电缆敷设任务,为中国的海底电缆敷设事业立下汗马功劳。

"绍兴号"远洋货船
沪东造船厂　1978 年

　　"绍兴号" 万吨级远洋干货船是上海船厂为中波轮船股份有限公司建造的，是中国出口的第一艘万吨级货船。

　　"绍兴号" 1977 年开工建造，1978 年 4 月 27 日下水，9 月 17 日开始海试，1978 年 11 月 18 日交付使用，是中波轮船公司拥有的第一艘中国建造的船舶。

　　船长 161.9 米，宽 21.2 米，型深 12.5 米，吃水 9.2 米，排水量 14000 吨，主机功率 9000 马力，航速 17 节，续航 12500 海里。

"滨海 102 号"浮吊船

1974 年

　　"滨海 102 号"浮吊船是我国自行设计建造的第一艘 500 吨大型浮吊船，1974 年 7 月 5 日试制成功并投入使用。

"黄山号"浮船坞

上海船厂　1974 年

　　"黄山号"浮船坞是我国自行设计建造的浮船坞，1974 年 3 月在上海船厂建造成功。

　　船坞长 190 米，高 15.8 米，宽 38.5 米，深入水下 13.2 米，具有 13000 吨的举力，能够抬
起 25000~30000 吨的海轮进坞修理。

"辽阳号"万吨级远洋货轮

广州造船厂　1974 年

　　"辽阳号"是广州船厂于 1974 年建造的万吨级远洋干货船,在营运中取得显著成绩,交通部在 1976 年特令中国第一个近海船舶女轮机长王亚夫到"辽阳号"上担任轮机长,王亚夫在"辽阳号"上工作多年,她的业绩被国际航运界传为佳话,为祖国赢得了荣誉。

"天山号"客轮

天津新港船厂　1974 年

　　"天山号"沿海客货轮是天津新港船厂于 1974 年建造的，航行于大连至烟台航线。

　　该船虽然船上设施还很简单，吨位也不大，但是载客量高，整船经济效益好，同型号的船还有天湖、天潭、天江、天淮、天河等。

"大庆 42 号"油船

大连造船厂　1975 年

　　"大庆 42 号"油船是大连造船厂在 1975 年建造的三岛式载运原油船,船长 178.6 米,宽 25 米,型深 12.6 米,吃水 9.5 米,航速 15 节,续航能力 7000 海里,载重量 24744 吨,自投入使用后一直是上海原油运输的主力船。

"西湖号"油船

大连造船厂 1976 年

"西湖号"油船是中国第一艘五万吨级的油船,大连造船厂于 1976 年 8 月 23 日建成。
船长 234.2 米,宽 31 米,型深 16.8 米,艉机型,航速 18.5 节,续航能力 15000 海里。投入使
用后主要航行于日本、波斯湾和东欧等航线。

∧ "昌新号"客货轮

上海求新造船厂　1977 年

　　"昌新号"客货轮是我国自行设计建造的客货轮,由上海求新造船厂建造,属于沿海浅吃水型客货轮。

　　船长 16.67 米,宽 15.80 米,型深 7.70 米,吃水 3.80 米载客量 915 人,载重量 1110 吨,航速 18.20 节,续航能力 1300 海里。

　　上海航运局同型客货轮在 1977—1984 年期间共建造 8 艘,分别命名为繁新、荣新、昌新、盛新、茂新、鸿新、展新、望新。

"向阳红 09 号"海洋调查船

沪东造船厂 1978 年

"向阳红 09 号"是沪东造船厂在 1978 年建造的 4435 吨海洋综合调查船,是当时国内最先进的海洋科学调查船,曾多次参加联合国组织的海洋科学调查研究。

"向阳红 09 号"在 2012 年曾搭载"蛟龙"号深潜器奔赴马里亚纳海沟海域执行 7000 米级深海海试任务,获得了圆满成功。

3 改革

　　自 1949 年到二十世纪的七十年代，中国的造船工业尽管已经形成了一定的规模，但是与世界上的日本和欧美造船强国的差距依然巨大，无论是造船的技术和设备，造船厂的规模，船坞的尺寸，造船材料的研制生产我们国家都很落后，党中央已经认识到这种形势，从二十世纪七十年代末起，船舶工业改变机制，引进新工艺新技术，重视培养人才，通过与世界上先进的造船企业合作，中国的造船厂不再使用苏联标准，改用国际通用的技术标准建造船舶。这些措施极大地推动了中国造船工业的发展。

　　改革开放以来，中国的造船工业在立足国内、面向世界、船舶为本、多种经营的方针指引下取得了世人瞩目的成就，年造船产量从 1982 年的世界排名第十七位发展到现在的世界第一，船舶出口到欧美等主要发达国家和地区，目前中国已经可以设计和建造符合任何一种国际规范，以及航行到世界任何海域的各种船舶，中国已经成为名副其实的造船大国。

"大江"级 J121 远洋打捞救生船

江南造船厂　1979 年

　　"大江"级 J121 远洋打捞救生船由江南造船厂建造。

　　J121 远洋打捞救生船多次参加中国远程运载火箭和发射卫星的试验活动，为中国的国防建设和航天事业立下显赫功劳，1984 年和"向阳红"10 号海洋科学考察船一起远赴南极，圆满完成建设南极长城站的光荣使命。

　　船长 156.2 米，宽 20.6 米，吃水 6.8 米，满载排水量 13050 吨。

"向阳红 10 号"海洋科学考察船

江南造船厂　1979 年

　　"向阳红 10 号"是 708 研究所设计，上海江南造船厂于 1979 年建造成功的我国第一艘万吨级海洋科学考察船，是当时世界上同类船舶中吨位最大、综合性最强的科学考察船之一。

　　"向阳红 10 号"曾参加过中国首次发射远程运载火箭和同步通信卫星等重大国防和科研试验任务，1984 年与 J121 远洋打捞救生船一起参加中国首次南极科学考察，1988 年年获国家科技进步特等奖。

　　船长 156.20 米，宽 20.6 米，吃水 7.75 米，巡航船速 20 节，最大航程 12000 海里，搭载 9000 马力柴油机两台，搭载舰载直升机两架。

"鲁班号"

上海船厂　1981 年

　　"鲁班号"多用途 16000 吨货船是 1981 年上海船厂建造的我国第一艘无人机舱船。

　　船长 155.15 米，宽 23 米，型深 10.10 米，吃水 9.35 米，满载排水量 22445 吨，载货量 16000 吨，航速 18 节。

　　同类型船共建造 4 艘，分别是命名为鲁班、张衡、华佗、屈原。

"东星号"

沪东造船厂　1982 年

万吨水压机

江南造船厂

二十世纪六十年代初，上海江南造船厂为改善在船舶建造过程中缺乏大型锻造设备的局面，克服困难自行设计、建造了当时国内最大的万吨级锻造设备——万吨水压机。该设备的建成和使用，对国民经济恢复起到极大的促进作用

"C723"

求新造船厂　1982 年

中国第一艘 5820 千瓦破冰船。

"瑞昌号"双体客轮
江州造船厂 1985 年

∧ **"百灵号"客轮**

新港船厂　1986 年

　　"百灵号"客轮是天津新港船厂为上海海运局建造的沿海客货轮,载客量1320人,1986年年底交付使用,其姊妹船是"喜鹊号"。

　　船长 120 米,宽 18.8 米,型深 9.6 米,总吨位 7160 吨,载货量 500 吨。

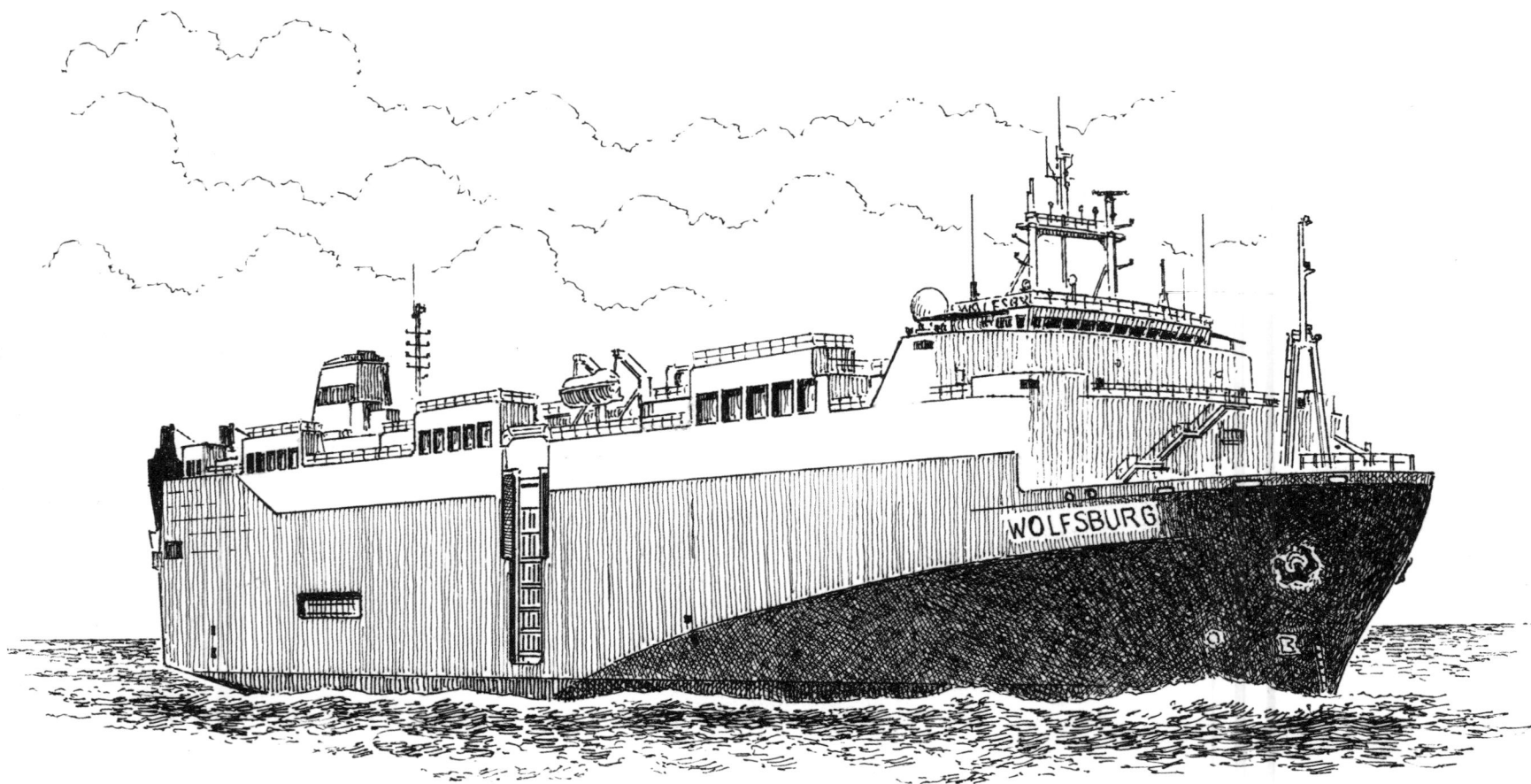

⋀ **"沃尔夫斯堡号"滚装船**
江南造船厂　1988 年

　　1985 年,江南造船厂与德国阿伦基尔航运公司签订了建造汽车滚装船的合同,这是中国首次建造这样的高技术水平的船舶,1986 年开工,1988 年 1 月下水,1988 年 10 月 5 日正式交船。

　　船长为 182.75 米,宽 29.6 米,型深 28.95 米,排水量 24000 吨,航速 18.5 节,可载运 4000 辆轿车和 350 个 20 英尺集装箱。在当时这种滚装船世界上只有日本、韩国等少数国家可以建造,"沃尔夫斯堡号"滚装船的建成标志着中国的造船能力已经跨入世界先进行列。

"中国欢乐号"

江南造船厂 1989 年

"北京号"火车渡轮

中华造船厂　1990 年

　　"北京号"火车渡轮是 1990 年由中华造船厂建造的。

　　该船 1988 年开工，1989 年 10 月下水，1990 年 4 月完工。

　　船长 134.6 米，宽 17.2 米，型深 6.5 米，吃水 3.75 米，满载排水量 6086 吨，载重量 2400 吨，航速 10.8 节，可同时渡运 60 吨的高篷货车车箱或者是 15 节客车车箱。

"鲲鹏号"全液压式液化气运输船

江南造船厂　1990 年

　　"鲲鹏号"是 1990 年由江南造船厂建造的我国第一艘自行研制设计的 3000 立方米全压式液化气运输船。

　　船长 96.95 米，宽 14.6 米，型深 6.60 米，载重量 2402 吨，容积 3000 立方米，航速 14.01 节，续航能力 5000 海里。

　　"鲲鹏号"在我国的北气南运上起到了重要作用，引起了国内外的高度关注，当时世界上也只有日本、荷兰等少数国家能够制造这类船舶。

"MAX.PLANCK"半冷半压式液化气船

江南造船厂　1991 年

　　"MAX.PLANCK"半冷半压式液化气船是 1991 年江南造船厂建造的中国第一艘出口德国的 4200 立方米液化气船。

　　该船于 1990 年签订合同　1991 年 2 月开工建造,当年 10 月下水　1992 年 9 月建造成功。

　　船长 99.95 米,宽 16.20 米,型深 9.00 米,吃水 5.90 米,载重量 3750 吨,容积 4200 立方米,航速 14 节。

　　"MAX.PLANCK"半冷半压式液化气船是技术密集型的船舶,该船的建造成功,表明了中国具有建造当时国际最高水准的特种船舶的能力,也表明了中国的造船工业取得新的突破。

"世沪号"

江南造船厂 1982 年

"勘探三号"

上海船厂 1984 年

"渤海友谊号"

沪东造船厂　1989 年

　　"渤海友谊号"是 1988 年沪东造船厂建造的我国第一艘浮式生产储油船（简称 FPSO），该船的建造成功，填补了中国在浮式生产储油船建造方面的空白，1989 年被评为中国十大名船之一，获得了国家科技进步一等奖。

　　该船集原油加工、海上油库、卸油终端等为一体，是海洋石油开采的重大设施。

　　船长 215.62 米，型宽 31 米，型深 17.6 米。

中国制造的道路
——图说中国船舶制造业的发展

"柏林快航号"
沪东造船厂 1990 年

4 | 人民的需要

　　如今，国内的造船企业瞄准世界最先进的造船技术和最新的科技成果，努力建造科技含量高的各种新型船舶。例如，技术要求最严最高的LNG船，世界上也没有几个国家可以建造，中国的造船企业依靠自己的力量成功地摘下了这颗世界造船顶尖的明珠，不能不说这是中国造船工业的骄傲。除此之外，我国目前还可以建造单体船舶长度达到400米的可以装载21000标准集装箱的世界最大货柜船，以及各种高科技现代化的海工船、科考船、破冰船和各种特殊要求的船舶，这些世界上顶尖水平成功建造的船舶，显示了中国人民的聪明才智和奋发向上的精神。

"南星号"水翼船

上海求新造船厂 1995年

　　"南星号"全铝自控高速水翼客船，1995年9月上海求新造船厂建造，排水量118吨，274客位，航速43节，这类船只有美国、日本等少数国家能够建造。"南星号"船的建造成功标志着中国在高速船的研制领域已经达到国际先进水平。

"东方皇帝号"长江豪华游船

中华造船厂　1994 年

　　"东方皇帝号"五星级长江豪华游船是 1994 年中华造船厂建造的,船长 91.5 米,宽 16.4 米,载客 192 位。

　　"东方皇帝号"船型优美,设施采用国际知名品牌,服务也采用国际优秀管理经验和制度,曾在 1997 年获得国家旅游局首次评定的五星级游船。

　　比尔·盖茨和基辛格都乘坐过此船。

"康平号"双体气垫船

泸州造船厂 1995 年

　　"康平号"双体气垫船是泸州造船厂 1995 年建造的,船长 52.8 米,宽 12.3 米,型深 2.8 米,总重 240 吨,载客 450 位,航速 50 千米/小时,是当时中国最大的双体气垫船。

∧ **"CLIPPER CONFIOENCE"**

中华造船厂 1997 年

该船批量建造，出口英国、荷兰、丹麦等国。

"李四光号"
芜湖造船厂　1998 年

"CSL SPIRIT"
江南造船厂　1999 年

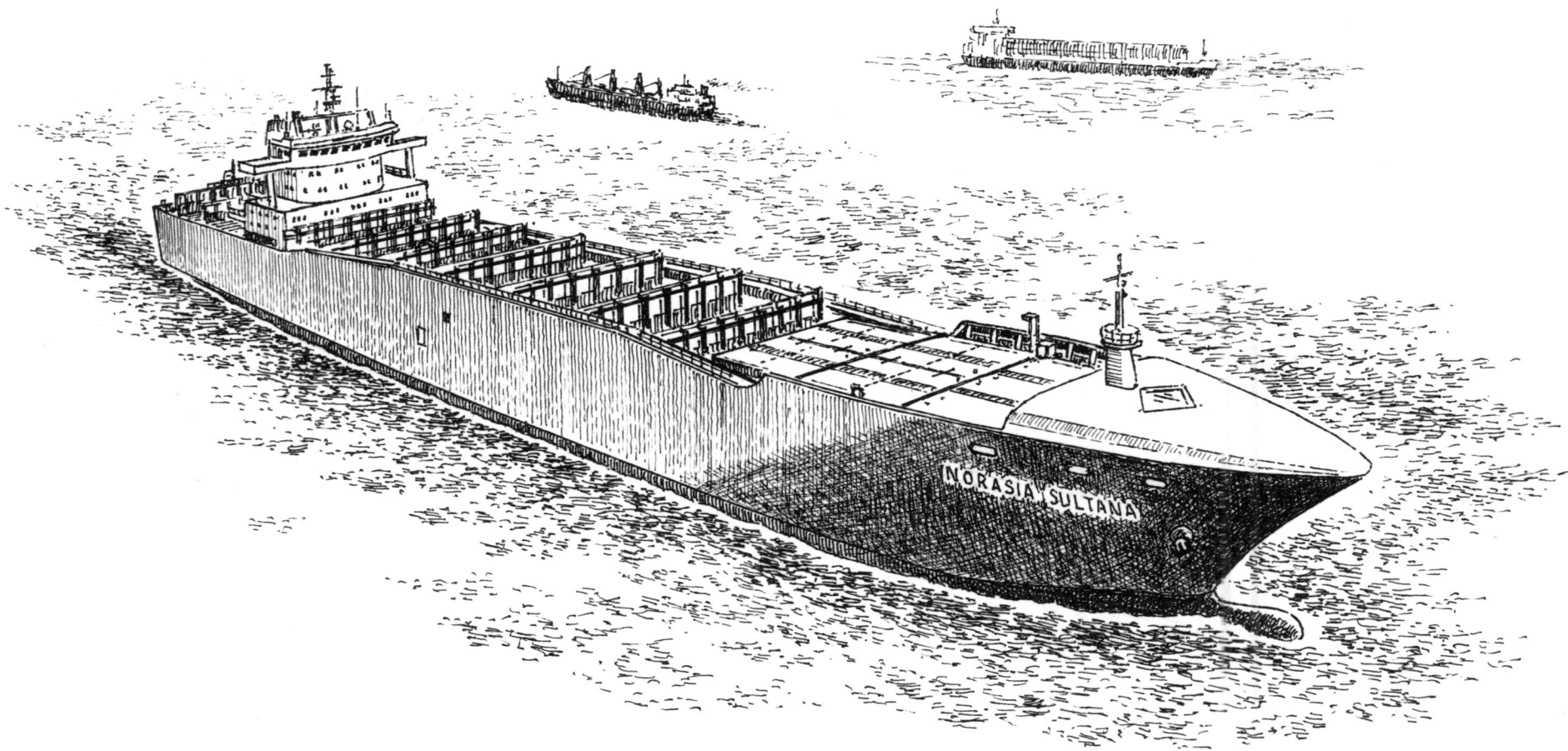

"NORASIA.SULTAN"高速集装箱船

江南造船(集团)有限责任公司　1999 年

　　"NORASIA.SULTAN"高速集装箱船是江南造船(集团)有限责任公司为瑞士建造的,该船采用优秀船体线性,航速高达 25 节,还采用无舱口盖技术,极大地提高了集装箱的装卸效率,受到国际航运界的瞩目。当时世界上也只有少数几个国家应用该技术建造过同类船舶,国内尚无先例。

　　船长 216.88 米,型宽 26.66 米,型深 19.0 米,设计吃水 8.75 米。

"粤海铁路 1 号"

江南造船(集团)有限责任公司　2002 年

　　"粤海铁路 1 号"是中国自行设计、由上海江南造船(集团)有限责任公司建造的中国第一艘跨海铁路轮渡船,航行于琼州海峡的海口北港和海安北港之间,2003 年 1 月 7 日正式投入使用。

　　"粤海铁路 1 号"可载长每节长 14 米、重 80 吨的货物车辆 40 节或每节长 26.5 米、重 60 吨的旅客列车车辆 18 节,跨越琼州海峡大约 50 分钟。

　　"粤海铁路 1 号"的建造成功填补了我国造船史上制造跨海铁路轮渡的空白,结束了琼州海峡没有跨海铁路轮渡的历史。

　　船长 165.4 米,型宽 22.6 米,型深 15.0 米,排水量 13400 吨,载重量 5600 吨,平均航速 16 节。

"波尔多城号"

金陵造船厂　2004 年

　　"波尔多城号"是南京金陵造船厂在 2004 年 7 月建造成的。

　　为了可以运输空客 A380 飞机的特大型部件,船上专门建造了 1 个巨大的货运空间:长 120 米,宽 21 米,高 11 米,能够载运空客 A380 飞机的大型部件执行海运任务。

　　这艘 5200 吨级的大型滚装船,船长 154.15 米,型宽 24 米,从最底层甲板到最上面的甲板高 21.85 米,约有 7 层楼高,是当时世界上唯一能装下 10 米高的空客 A380 机身的滚装船。

　　该船被英国皇家造船协会评为当年度最具有影响力的船舶。

"中华和平号"散货轮

上海外高桥造船有限公司　2005 年

　　"中华和平号"散货轮是上海外高桥造船有限公司建造的 175000 吨好望角型散装货轮，设计是沪港共同进行，建造在上海，是我国大陆船厂为台湾地区航运公司建造的第一艘大型船舶。

　　船长 289 米，宽 45 米，型深 24.5 米，吃水 16.6 米，航速 15 节。

中铁渤海铁路轮渡

"中铁渤海 1 号"

天津新港船厂　2006 年

　　"中铁渤海 1 号"铁路轮渡船由天津新港船厂建造,2006 年建成投入使用。

　　"中铁渤海 1 号"轮渡是我国第 1 次采用综合全电力推进系统的客滚船,也是世界上第 1 次采用第三代电力推进系统的火车滚装轮渡,可以装运 50 节火车车厢,50 辆卡车,25 辆小客车,480 名旅客,是当时国内最大、技术最先进、安全性最好的铁路跨海轮渡船。

　　船长 182.6 米,型宽 24.8 米,设计吃水 5.8 米,载重量 7.788 吨,航速 18.8 节。

5 | 科学发展

　　新中国成立以后,国内主要的造船厂在开展民船建造的同时,也开始了军船的建造,在很短的时间里就建造了用于沿海保卫的小型炮艇快艇等,在沿海防御保卫的战斗中屡建奇功。但那时中国的造船工业底子太薄,海军舰艇以近海防御为主。

　　改革开放后,中国的造船工业引进先进的造船技术,奋起直追,除了民船有大的发展,中国的军船建造也获得了飞跃性的发展。如今,中国在船体建造方面已经达到世界先进水平,我们在船电设备、火力武器研发配置等方面已取得举世瞩目的成绩。

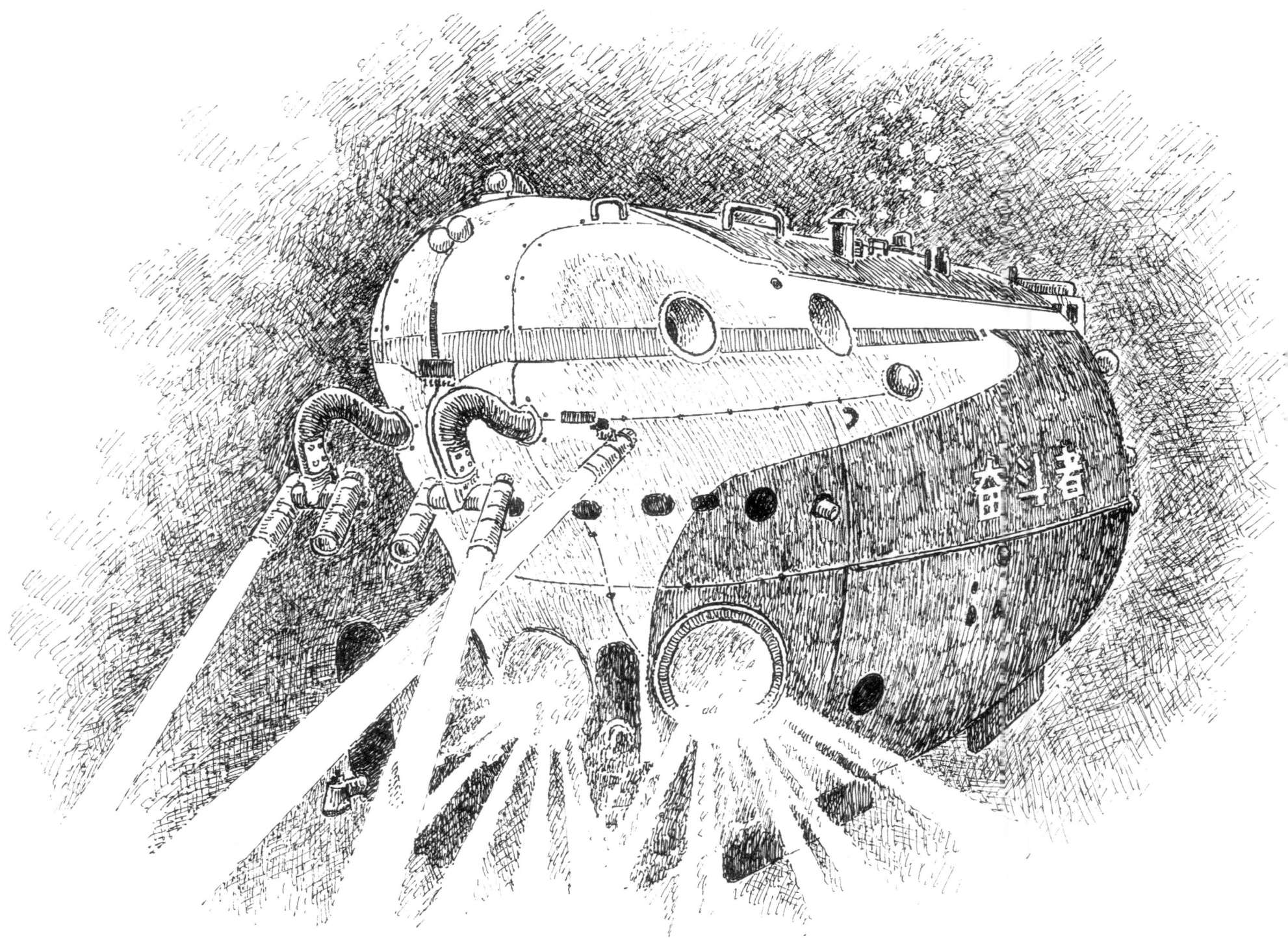

龙宫探宝

中国制造的道路
——图说中国船舶制造业的发展

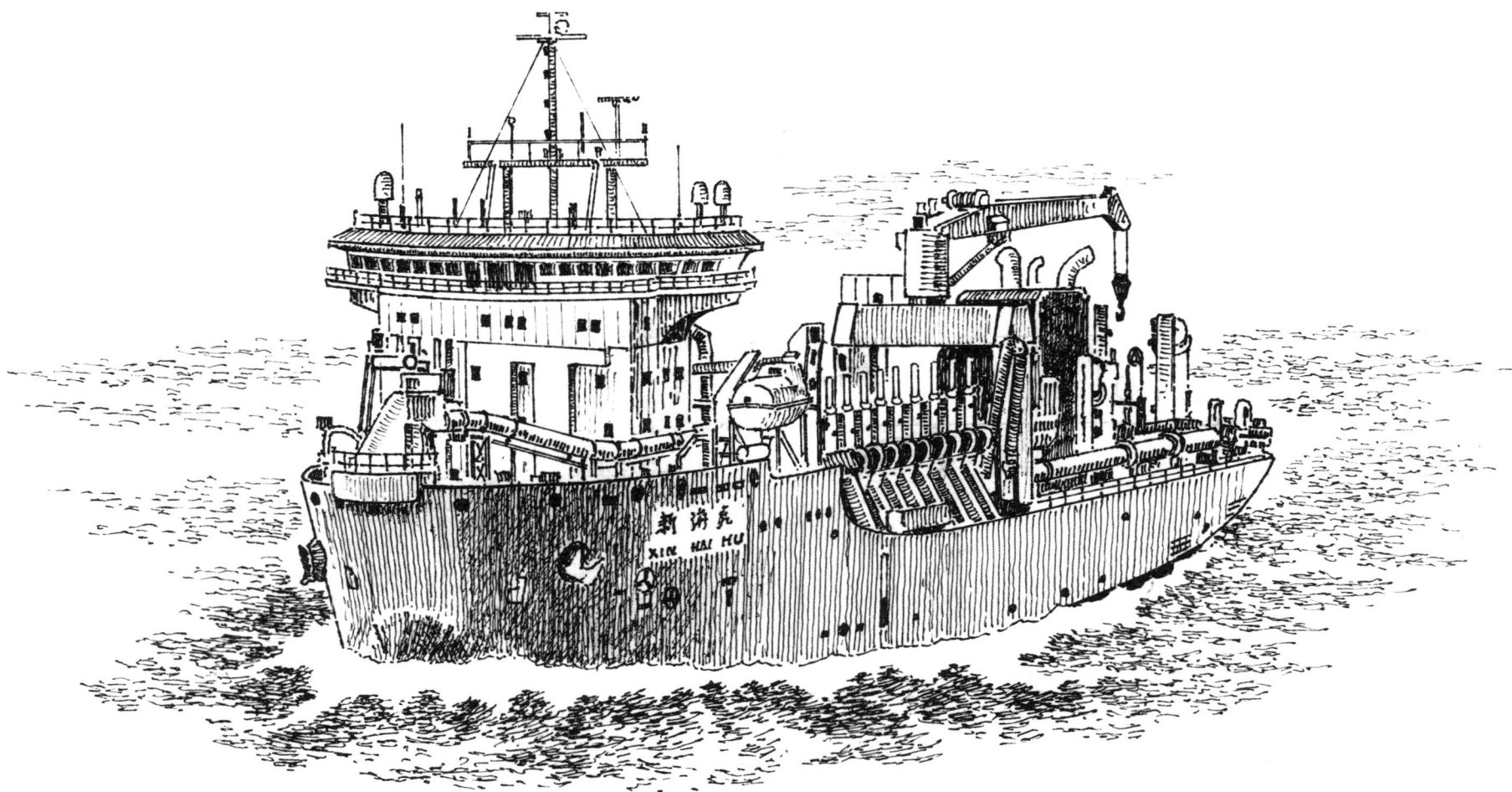

"新海虎号"自航耙吸式挖泥船

广州文冲船厂　2007 年

　　"新海虎号"自航耙吸式 13500 立方米挖泥船是广州文冲船厂建造、2007 年 5 月交付使用的。

　　"新海虎号"是当时中国自行设计、建造的最大耙吸式挖泥船，被誉为"神州第一挖"，填补了中国船厂建造大型挖泥船的空白。船长 150.70 米，宽 27 米，型深 11 米，航速 16.3节，泥舱容积 13500 立方米。适用于疏浚和吹填作业，无限航区。

"游艇特快号"

烟台莱佛士船业有限公司 2007 年

　　"游艇特快号"是 2007 年 10 月烟台莱佛士船业有限公司为荷兰 Dockwise 公司建造的世界第 1 艘半潜式游艇运输船,该船总长 209.34 米,型宽 32.2 米,型深 8.5 米,结构吃水 5.8 米,下潜最大吃水 22 米,总载重量 12500 吨,航速 18 节。

　　该船专用于跨大西洋的豪华游艇运输。

　　该型船舶填补了中国造船种类的空白。

"钱三强号"
芜湖造船厂　2008 年

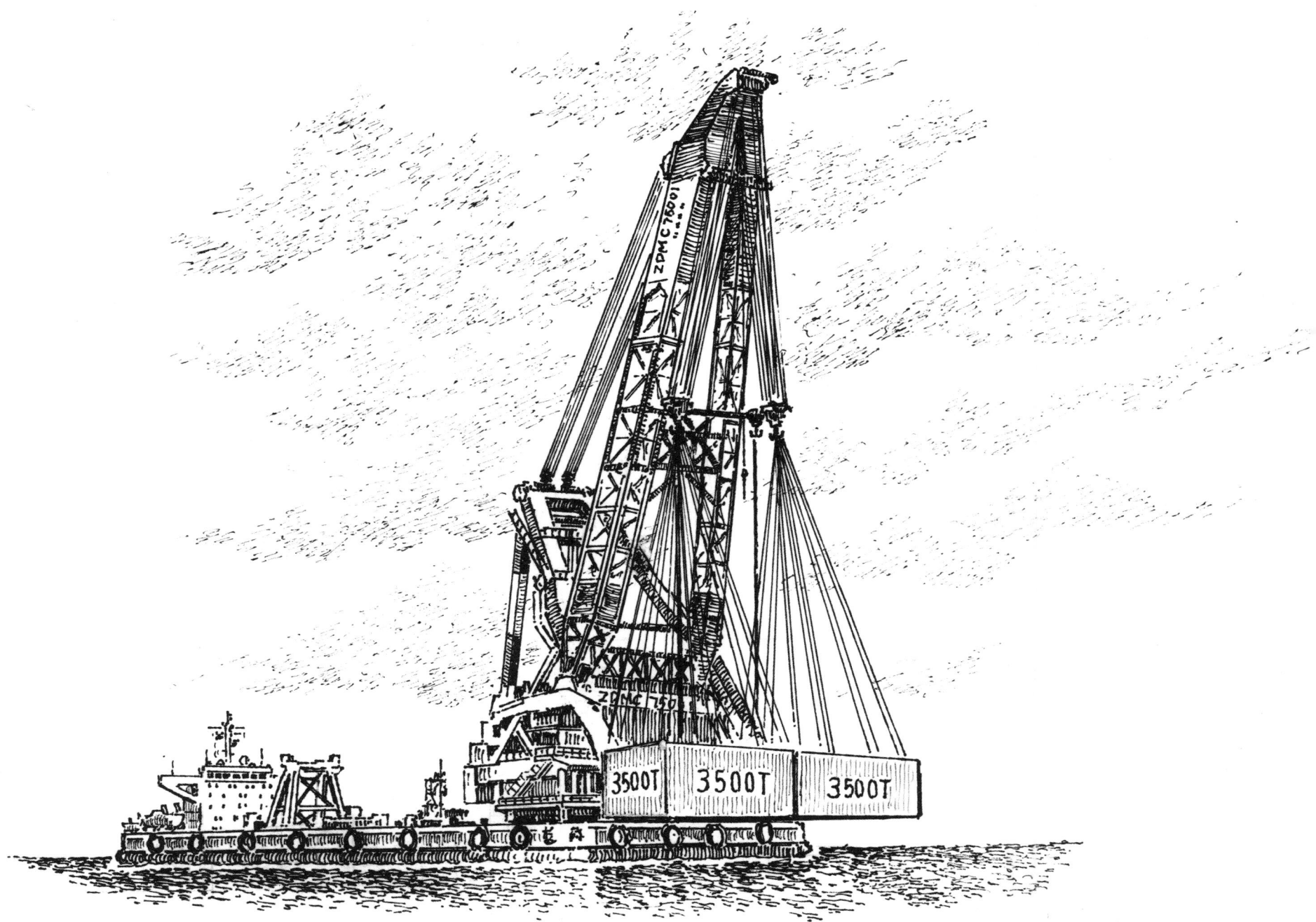

"蓝鲸号"
上海振华港机公司   2008 年

中国制造的道路
——图说中国船舶制造业的发展

"大鹏号"

沪东造船厂　2008 年

"育鲲号"
湖北武昌造船厂　2008 年

"雪龙号"

江南造船厂　1993 年

　　"雪龙号"是由乌克兰赫尔松船厂 1993 年建造的,因为船厂无力再进行后续的工作该船被我国低价购买,并按照中国的要求进行了改进。

　　我国在购买该船后命名为"雪龙","雪"代表着南极的冰雪世界,"龙"代表了中国。

　　"雪龙号"是极地破冰科考船,船上建有多学科的极地和海洋科考研究设备和器材,搭载卡-32 直升机两架,多次执行了南、北极重大的科学考察、探险,重要物资运输,国际合作和救援等任务,为中国的极地科考事业做出了巨大的贡献。

　　船长 167 米,型宽 22.6 米,型深 13.5 米,吃水 9.0 米,满载排水量 21.025 吨,最大航速 17.9 节,续航能力 19.000 海里,总吨位 140997 吨,载重量 10.225 吨。

　　"雪龙号"分别于 1994 年、1995 年进行过改造,在 2006 年更是投入 2 亿元进行了大规模的改造,是当今世界上十大破冰船之一。

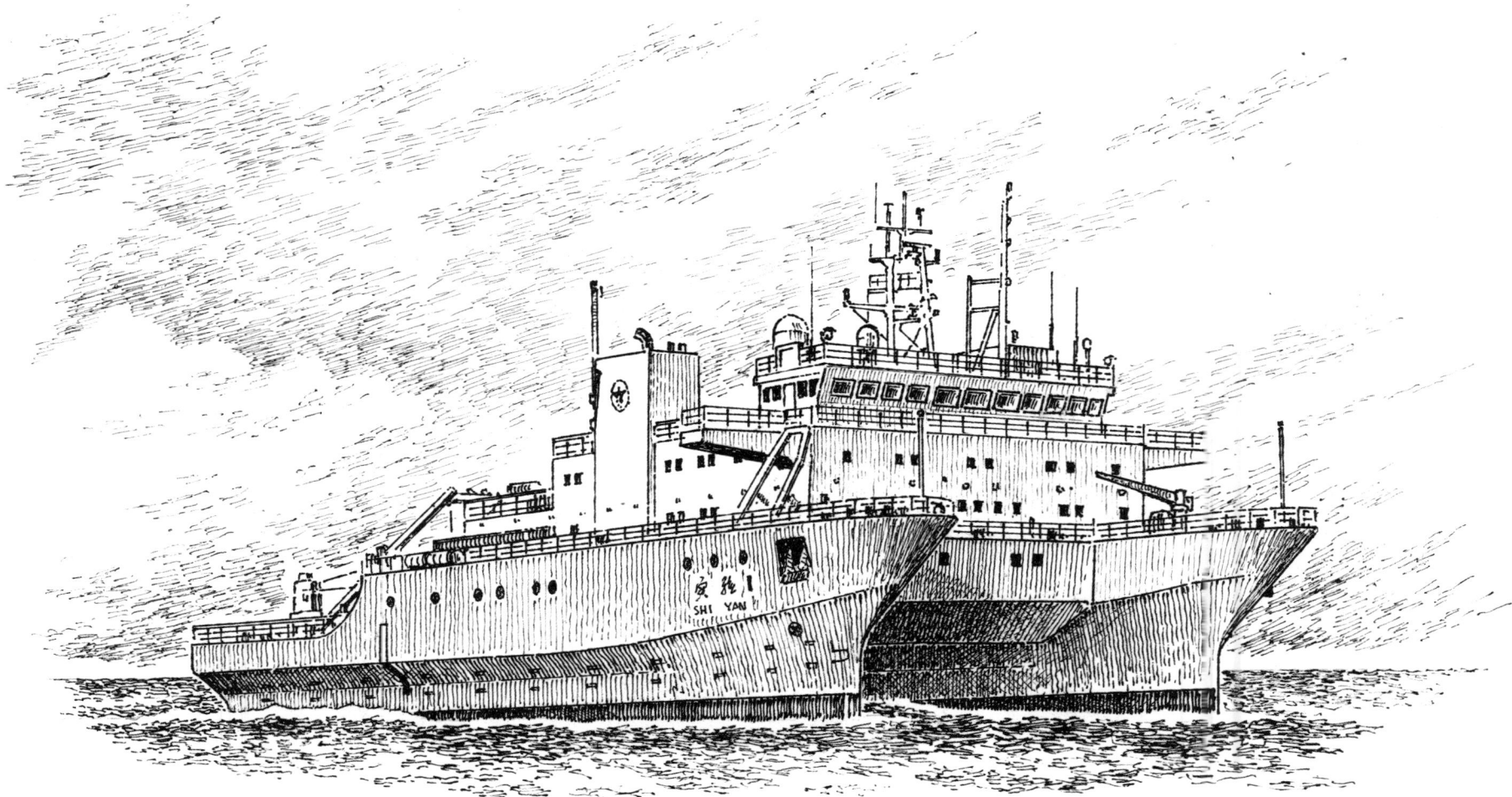

"实验 1 号"小水线面综合科学考察船
渤海船舶重工　2009 年

　　"实验 1 号"是中国第 1 艘大型小水线面双体综合科学考察船,是由渤海船舶重工建造的。

　　船长 60.90 米,宽 26.00 米,型深 10.50 米,满载排水量 2555 吨,总吨位 3071 吨,载重量 700
吨,采用柴电交流变频推进系统,航速 11 节,续航能力 8000 海里,无限航区。

　　"实验 1 号"上搭载多学科的实验科考仪器设备,可以同时进行多学科的海洋科考任务,该
船设计起点高,建造难度大,2009 年建造成功,是当时最先进的科考船之一。

"蛟龙"号载人深潜器
2009 年

"金广岭"号运木船
广州中船黄浦造船厂　2009 年

"凯珍号"
重庆川东船舶重工有限责任公司　2009 年

"海洋石油 117"
上海外高桥造船有限公司　2009 年

"珍珠湾号"

广州中船黄埔造船有限公司 2010 年

"中国渔政 310"
广东湛江海滨船厂　2010 年

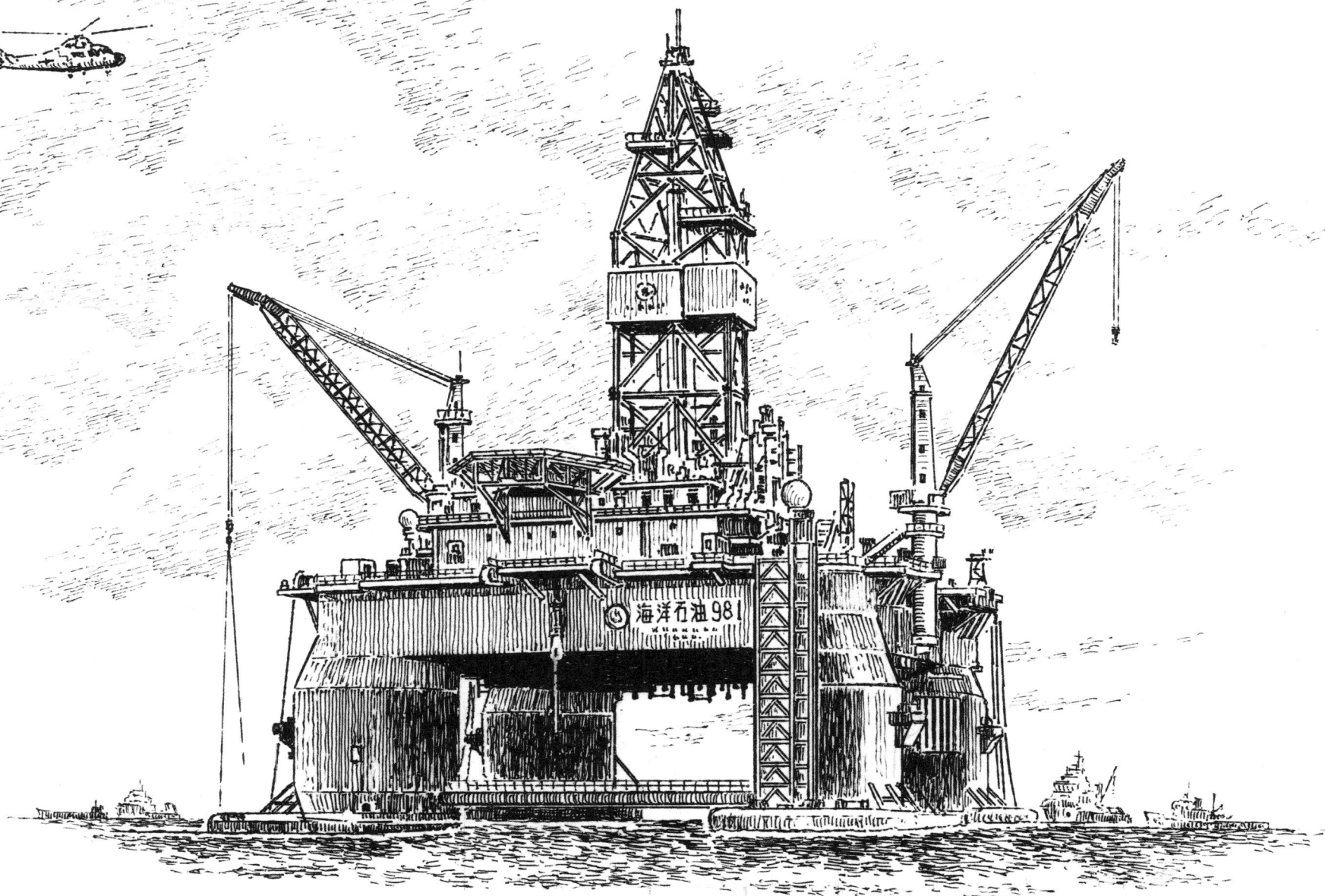

"海洋石油 981"
上海外高桥造船有限公司　2010 年

　　"海洋石油 981" 深水半潜式钻井平台是由中国船舶工业集团公司 708 研究所设计,上海外高桥造船有限公司建造的,是世界上首次按照中国南海的恶劣海况设计的,可以抵御 200 年一遇的强台风,平台最大作业水深 3000 米,最大钻井深度 10000 米。

　　平台长 114 米,宽 89 米,平台正中是 5~6 层楼高的井架,平台自重 30670 吨,承重量 125000 吨,设有直升机平台,可起降西科斯基 S-92 型直升机。

"南沙号"
广船国际股份有限公司　2010 年

"NORGAS UNKUM"

中航鼎衡苏造船有限公司　2011 年

"探险号"
南通中远船务公司　2011 年

"BOURBON FRONT"
浙江造船有限公司　2011 年

"长江2号"

重庆长航东风船舶工业有限公司　2011年

　　"长江2号"是重庆长航东风船舶工业有限公司在2011年建造的，设施先进、豪华，整船代表了世界内河豪华游船的先进水平。

　　船长139.05米，型宽19.6米，吃水2.7米，航速26公里/小时，最大载客量452人，总吨位13000吨。

"徐霞客号"

广船国际股份有限公司　2011 年

　　"徐霞客号"综合保障舰是广船国际股份有限公司在 2011 年建造的,是执行航母和海军舰艇保障作用的专业舰船,也可以执行国际人道主义的撤侨任务。

　　"徐霞客号"的舷号是"88"。是中国独一无二和世界上唯一的一艘综合保障舰,2017年被评为人民海军十大名舰之一。

　　船长 119 米,型宽 15.8 米,航速 17 节,满载排水量 23000 吨,续航能力 8000 海里,可搭载直-8 直升机。

"深潜号"

青岛武船重工有限公司　2012 年

　　"深潜"号中国首艘 300 米饱和潜水母船由青岛武船重工有限公司在 2012 年 8 月建造成功。

　　该船配有直升机起降平台,可航行于无限航区,"深潜"号最显著的是配有一套 300 米饱和潜水系统,最大工作深度可达水下 300 米,集生活舱、潜水钟、生命保障系统等于一身,标志着中国深水工程作业能力向世界先进水平又有了新的发展。

　　船长 125.7 米,型宽 25 米,型深 10.6 米,满载排水量 15864 吨。

6 大国制造

中国的造船工业在新时代的主要任务是为社会为人民建造更多更好的船舶，各造船企业都把建造人民需要的船舶放到企业发展的第一位，各种各样的民用船舶如跨海大型客滚船、跨海轮渡、跨海铁路轮渡、沿海和内河客轮游船等都在成批建造。同时，代表世界造船工业的最高水平的邮船，中国也开始建造。这些船舶的成功建造满足了社会的需求，满足了人民群众对工作和生活的需要，为中国在新时代的发展贡献了力量。

驶向远洋，迈向深蓝

中国制造的道路
——图说中国船舶制造业的发展

"渤海翠珠号"

黄海造船有限公司　2012 年

　　"渤海翠珠号"客滚船是黄海造船有限公司在 2012 年 7 月建造的,这艘客滚船目前是亚洲最大、最先进、最安全、最豪华、装载能力最强的客滚船 。

　　"渤海翠珠号"客滚船是我国第一艘具备直升机起降能力的大型客滚船。该船在设计时就充分考虑到"军民兼用""平战结合"的理念,和平时期该船用于客运滚装轮渡,战争情况下具有高效运输机动部队的能力。

　　船长 178.8 米,型宽 28 米,总吨位 36000 吨,载客量 2038 人。

"中远腾飞号"

舟山中远船务工程有限公司　2013 年

　　"中远腾飞号"汽车滚装船是浙江舟山中远船务工程有限公司在 2013 年建造的,是当时中国航运业拥有的最先进的现代化汽车滚装船之一。

　　船长 182.8 米,型宽 32.2 米,型深 34.33 米,装车甲板有 12 层,最大装车量 5276 辆。

中国制造的道路
——图说中国船舶制造业的发展

"中国海巡 01 号"综合执法船

武昌船舶重工有限公司 2013 年

　　"中国海巡 01 号"大型海事公务船由武昌船舶重工有限公司建造，2012 年下水，2013 年投入使用，是目前国内规模最大、装备最先进、综合能力最强的开展海事监管、海洋救助的综合执法船。

　　该船配有直升机，可以进行海事监管和维护海上交通安全、保护海洋环境等工作，曾多次参加跨洋出访开展维护海洋权益的国际合作。

　　船长 128.6 米，型宽 16 米，型深 7.9 米，航速 20 节，排水量 5418 吨，续航能力 10000 海里。

∧ **"VALE.CAOFEIDIAN 号" 38 万吨矿砂船**

熔盛重工有限公司　2013 年

　　"VALE.CAOFEIDIAN 号" 38 万吨级超大型矿沙船是江苏熔盛重工有限公司为巴西淡水河谷公司建造的,是当时世界上最大的矿沙船。

　　船长 360 米,型宽 65 米,型深 30.4 米。

"盖洛威快航号"牲畜特种船

广东中远船务工程有限公司 2013 年

　　"盖洛威快航号"牲畜运输特种船是广东中远船务工程有限公司自行设计建造的国内首制牲畜运输特种船。

　　船长 134.80 米, 宽 19.60 米, 型深 9.60 米, 吃水 11.30 米, 航速 16.75 节, 牛栏净面积 4600 平方米, 能装载 3000 头牛, 续航能力 30 天, 主要用于鲜活牲畜运输。

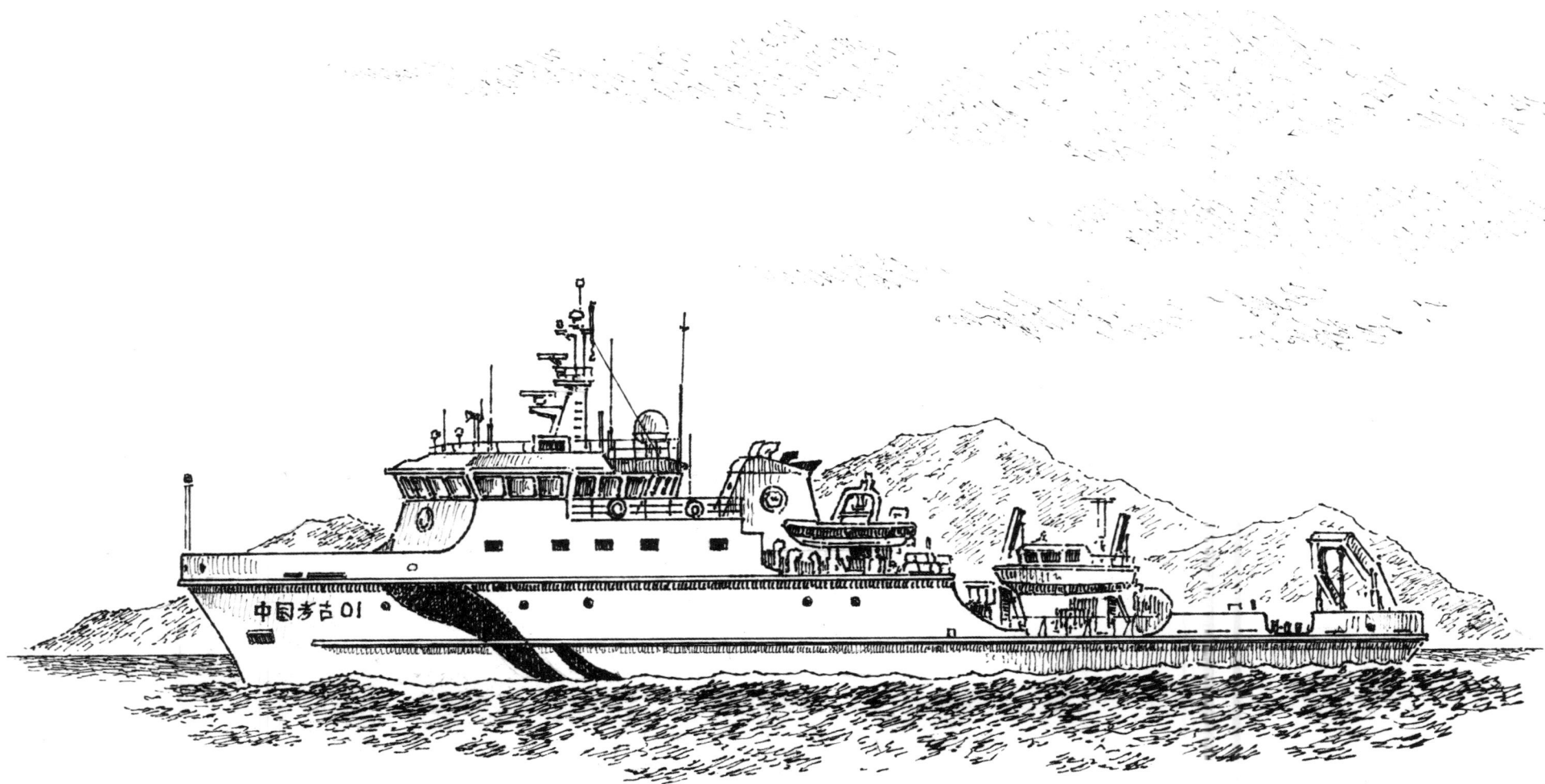

"中国考古 01 号"

重庆长航东风船舶工业有限公司　2014 年

　　"中国考古 1 号"水下考古船由重庆长航东风船舶工业有限公司建造，2014 年投入使用，船东系国家文物局。

　　该船是我国首艘专业水下考古工作船，船上设有潜水工作室和考古仪器设备的专业工作室，主要进行我国海域的水下考古、测绘、发掘和提取等工作，可以对出水的文物即时进行处理和保护，该船的建成和投入使用对我国的水下考古有重大的意义。

　　船长 56 米，型宽 10.8 米，型深 4.8 米，吃水 2.6 米，排水量 900 吨，航速 12 节，采用全电力推动。

"面包山号"渡船

英辉南方造船厂　2015 年

　　"面包山号"是中海集团的广东中海工业有限公司英辉南方造船厂建造的,是巴西政府为 2016 年巴西举办奥运会专门为运输旅客定制的全铝合金双体客渡轮,国务院总理李克强在巴西访问期间曾专门登船参观。

　　船长 78.4 米,型宽 14.4 米,船重 413 吨,排水量 665.6 吨,设计航速 18 节,载客量 2000 余人,双船头,可进行双向行驶。

"远望 22 号"

江南造船(集团)有限责任公司　2013 年

　　"远望 22 号"火箭运输船是由 708 所设计、上海江南造船(集团)有限责任公司为中国卫星海上测控部建造的国内首制运载火箭运输船,该船的任务是将陆上生产的火箭分段经海上运输到海南文昌的火箭发射场,再进行组装准备发射。

　　船长 130 米,型宽 19 米,型深 12 米,吃水 5.8 米,满载排水量 9080 吨。

"东海岛号"
中船黄埔文冲船厂　2015 年

"中国海警 3901"
江南造船厂　2016 年

"华船1号"
南海舰队装备部 4801 厂　2016 年

"NAYIGATOR NOYA"

江南造船厂　2016 年

"GAS ARIES"
江南造船厂　2016 年

"新光华号"

广船国际　2016 年

　　"新光华号"是一艘十万吨级的超大型半潜船,由广船国际有限公司在 2016 年建造,是当时中国最大、世界第二的半潜船。

　　船长 255 米,型宽 68 米,下潜吃水 30.5 米,载重量 98000 吨,航速 14.5 节,装货甲板长 210 米,宽 68 米,甲板面积 13500 平方米,相当于两个标准足球场。

　　"新光华号"半潜船主要用于海上运输特大型货物,也可以用于海上救助打捞。

"淞航号"
天津新港船舶重工　2017 年

∧ **"EPHESUS SEAWAYS"**

金陵造船厂　2018 年

　　金陵造船厂为丹麦联合汽船有限公司(DFDS)公司在 2018 年建造的世界最大的货滚
船。

　　船长 235 米,型宽 33 米,设计吃水 7 米,航速 21 节。

中国制造的道路
——图说中国船舶制造业的发展

"天佑号"

上海船厂　2018 年

　　该船专门用于运输大型、特大型和重型等专用工程机械设备。

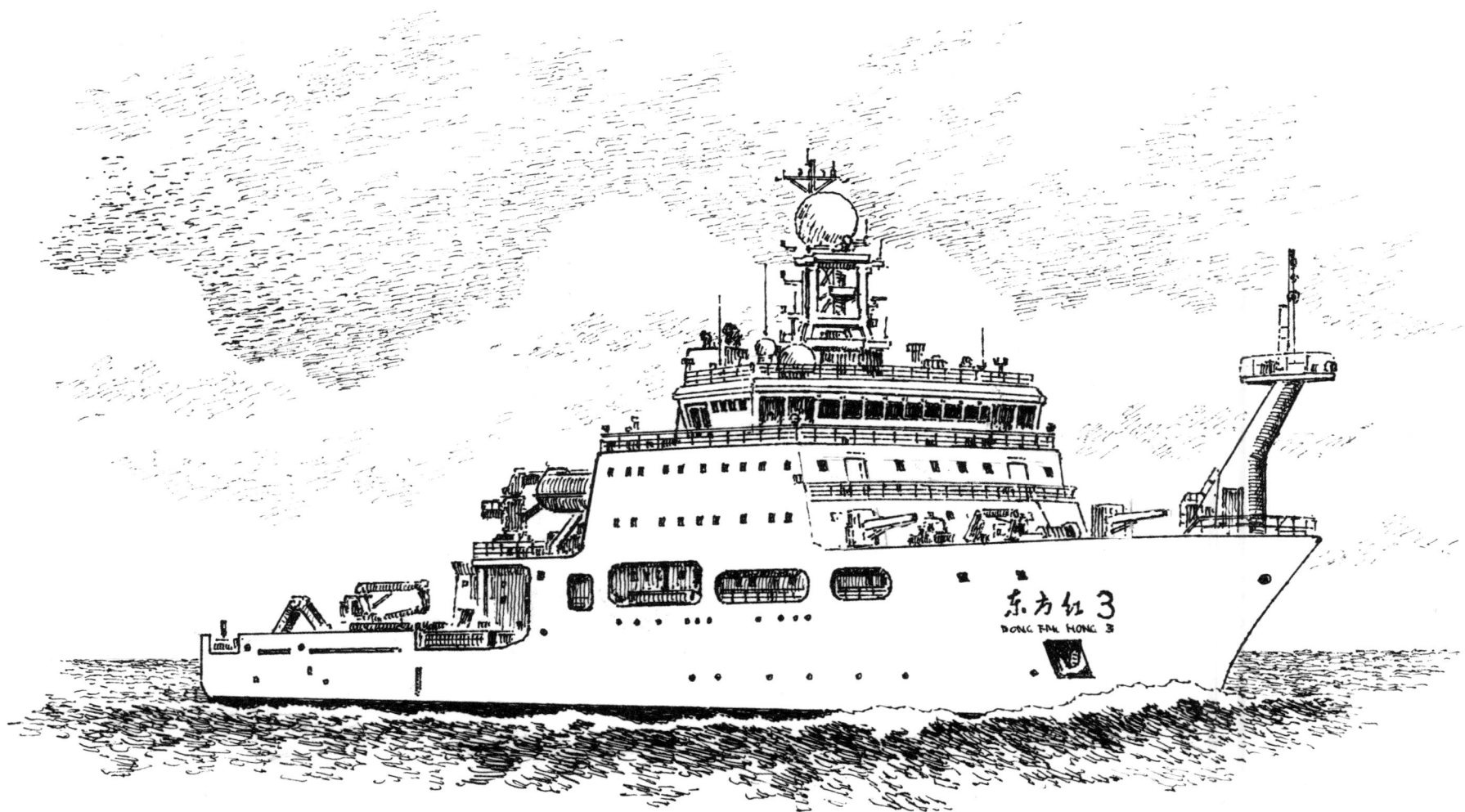

"东方红 3 号"科考船

江南造船(集团)有限责任公司　2019 年

　　"东方红 3 号"海洋综合科考船由上海江南造船(集团)有限责任公司在 2019 年 5 月建成。

　　"东方红 3"号是我国自主新研发的新一代科考船,船上实验室面积达到了 600 平方米,船上载有水文水体、海底、海洋气象等多学科的世界顶级科考科研设备,是世界上最大的静音科考船。

　　船长 103 米,型宽 18 米,排水量 5000 吨,最大航速 15.5 节。

中国制造的道路
——图说中国船舶制造业的发展

"雪龙 2 号"

江南造船(集团)有限责任公司　2019 年

　　"雪龙 2 号"是由上海江南造船(集团)有限责任公司在 2019 年 8 月建成的,是中国第一艘自主建造的极地科考破冰船,是全球第一艘采用船艏、船艉双向破冰技术的极地科考破冰船,该船的建成极大地填补了中国在极地科考装备上的空白。

　　船长 122.5 米,型宽 22.3 米,型深 11.8 米,吃水 7.85 米,装载能力 4500 吨,排水量 13990吨,航速 15 节,续航能力 20000 海里。

"至宪之星号"
浙江临海宏盛船业　2019 年
　　"至宪之星号"甲板船是浙江临海宏盛船业有限公司建造，2019 年投入使用，是目前亚洲最大的重大件远洋甲板运输船。
　　船长 160 米，型宽 43 米，型深 10.5 米，排水量 36508 吨，载重量 26.0 吨，船上可搭载直-8 型直升机。

"COSCO SHIPPING STARS"
江南造船厂   2019 年
世界最大的货柜船之一。

"蓝海 101 号"
沪东中华船厂　2019 年

"中华复兴号"
亚洲最大的客滚船，2020 年

"VISTA"级 13.5 万吨超级邮轮
中船集团上海外高桥造船有限公司　2019 年

55 甲型高速炮艇
青岛造船厂，沪东造船厂　1956 年

"6603"型潜艇

江南造船厂　1956 年

"济南号" 051 型导弹驱逐舰, 舷号 105
大连造船厂　1971 年

"潍坊号" 054 型导弹护卫舰

"聊城号"056 型轻型导弹护卫舰　舷号 608

∧ "玉义"级气垫登陆艇

中国制造的道路
——图说中国船舶制造业的发展

"远望1号"
江南造船厂，航天测量船，17000 吨

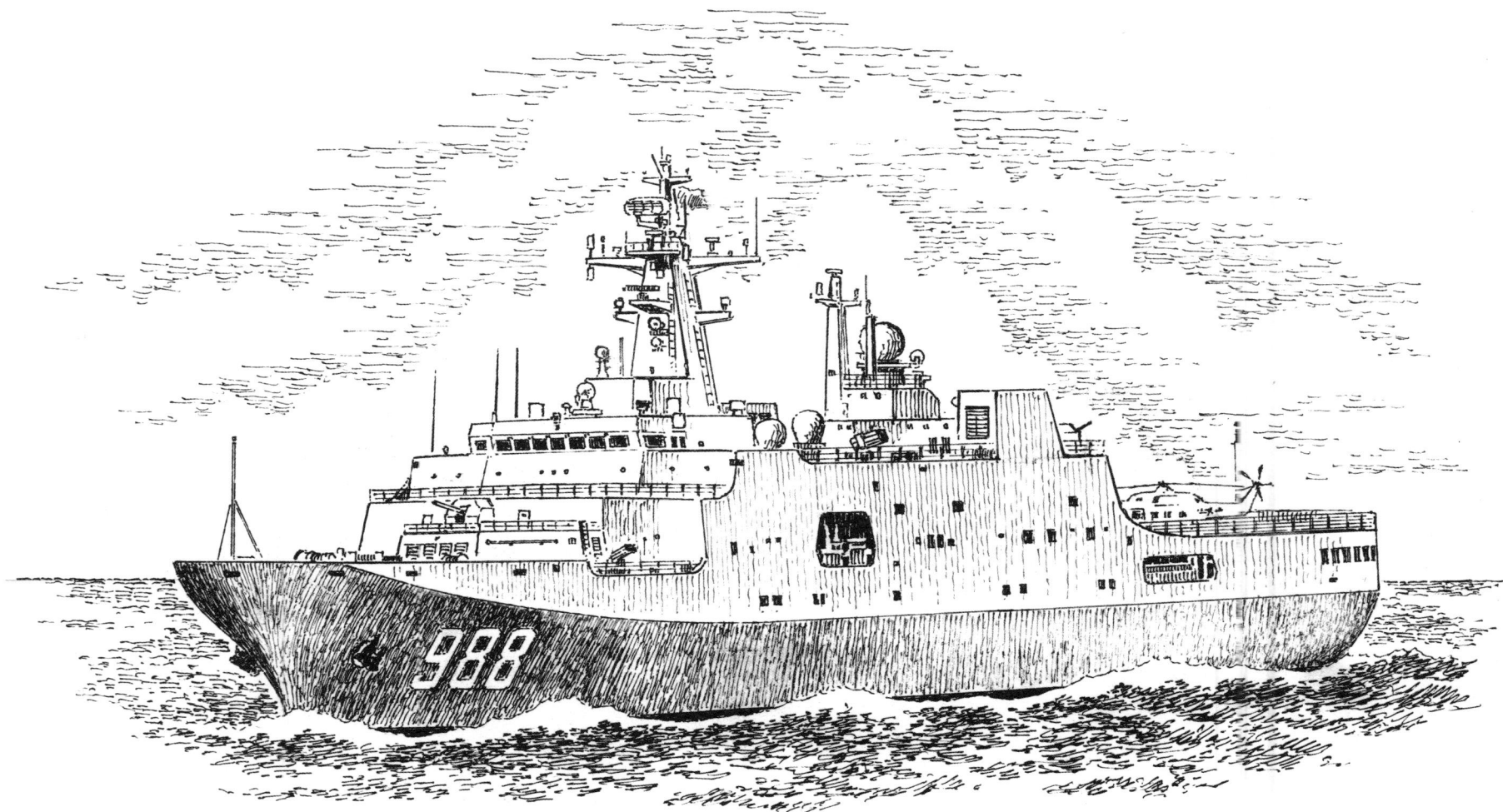

"998 沂蒙山号"071 型登陆舰

∧ "破浪号"风帆训练舰
广船国际　2018 年

∧ 093 型攻击型核潜艇

战略核潜艇

"呼伦湖号"901 型综合补给舰
广船国际，大型综合补给舰，2017 年

"075"型两栖攻击舰

∧ **"南昌号"**
　　"南昌号"万吨级导弹驱逐舰（舰号：101）是中国第一艘自行研制设计制造的万吨导弹
驱逐舰。

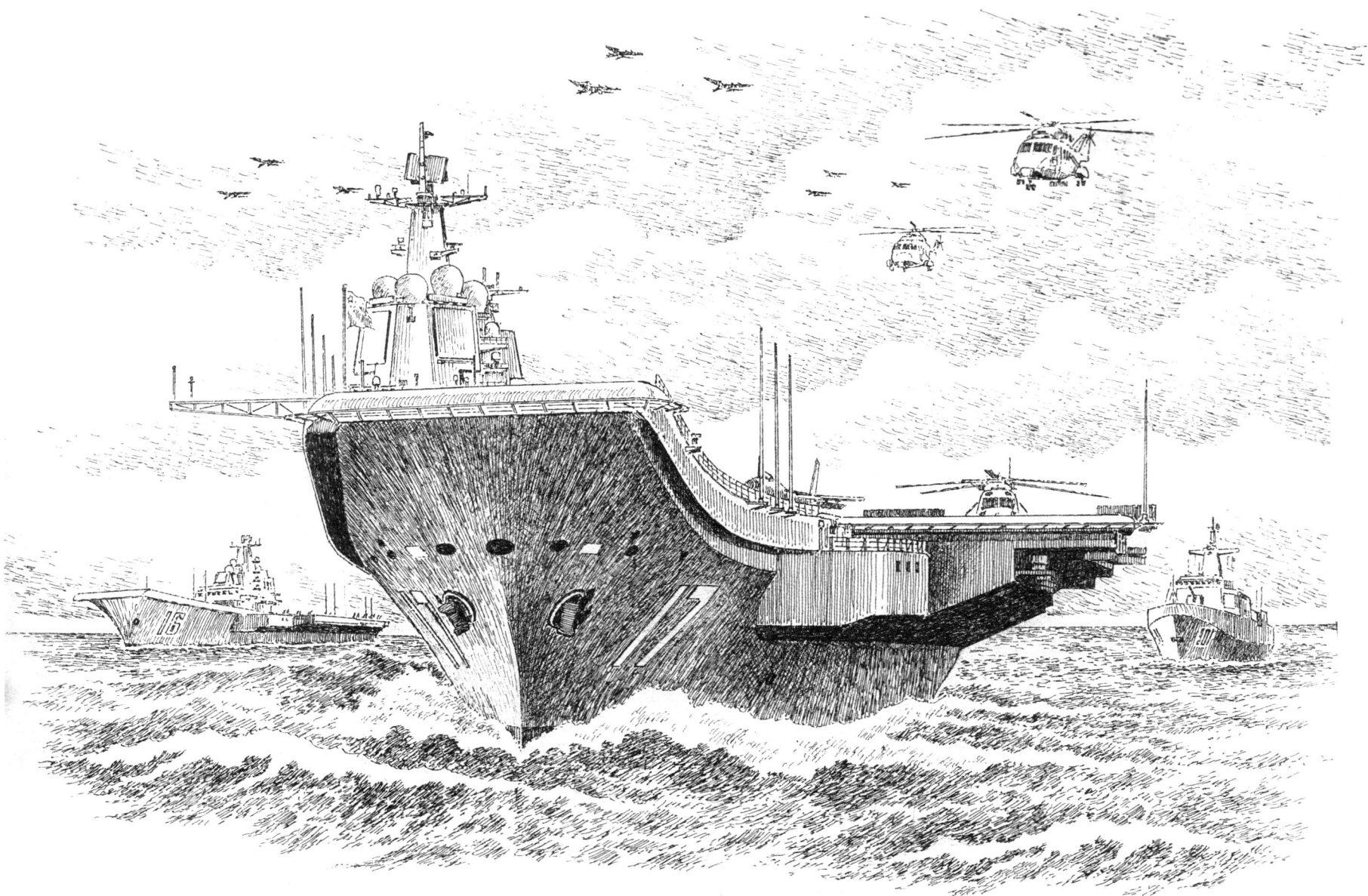

"山东号"航空母舰
舷号"17"，中国第一艘自行研制的航空母舰